Pyssel de luxe

Pyssel de luxe

41 vansinnigt piffiga pyssel!

Josefin Ekman

Parasoll

Bokförlaget Parasoll ger ut roliga böcker inom livsstil, mat och nöje.

Fler titlar:

Svenska ostar *av Mia Öhrn och Henrik Francke*

Citybondens handbok *av Henrik Francke*

Livsnjutarens guide till Stockholm *av Mia Öhrn och Henrik Francke*

Mitt eget kafé *av Mia Öhrn*

Drinkar för gravida *av Åsa Swanberg och Örjan Åstrand*

Text: Josefin Ekman
Fotograf: Sara Danielsson
Formgivare och illustratör: Katy Kimbell
Redaktör: Mia Öhrn
Korrektur: Sara Tuncel
Andra tryckningen 2008
Repro och tryck: Fälth & Hässler, Värnamo, 2008
Papper inlaga: MultiArt Matt

www.parasollforlag.se
info@parasollforlag.se

ISBN: 978-91-976132-7-9

Till min älskade mormor Doris.

Innehåll

Meditation för högpresterande

I samma stund som vi slutade grundskolan upphörde pyssel att vara en naturlig del av vardagen för de flesta av oss. Det är synd, för pyssel är både ljuvligt, meditativt och ett utmärkt sätt att lägga upp ett förråd av presenter. Dessutom skänker en citrusdoftande hemmagjord body scrub en alldeles speciell tillfredställelse.

Pyssel de luxe är en vägledande inspirationsbok för dig som vill återuppleva barndomens pysselstunder, och för dig som tycker att en egenhändigt tillverkad gå bort-present är mer värd än en chokladask från kiosken, och som anser att asken som cupcakesen ligger i är minst lika viktig som innehållet.

Men glöm oanvändbara julbockar av piprensare – i *Pyssel de luxe* är projekten uppdaterade till 2000-talet och tänkta att ge dig en stund alldeles för dig själv.

Pyssel de luxe är nämligen handarbete för vuxna, både glamouröst och användbart. Så låt pysslandet bli en skön ventil i en annars stressig vardag.

Josefin Ekman

Take away-box

Take away-mat. Så ogourmetaktigt, men ändå med så mycket inbyggd mystik. Även om vi aldrig själva köpt en, har vi genom tusentals amerikanska tv-serier upplevt känslan av att sitta i en soffa med en rykande het kartong i knät.

Men take away-boxen ruvar inte bara på ett stycke nutidshistoria, utan är faktiskt perfekt att förvara biogodis, småkakor och karameller i. Känns boxen för liten förstorar du bara mallen i en kopiator.

Du behöver:

1 pappersark, 25 x 25 cm
Ståltråd 19 cm

Skalpell
Eventuellt håltång

1. Rita av mallen till kartongen, se sidan 86, med hjälp av smörpapper som du sedan överför till poppersarket. Tänk på att rita på den sida av arket som kommer att bli boxens insida. Klipp ut asken ur pappret och skär med en skalpell eller mattkniv den skåra som kommer att användas som lås. Gör hål som mallen visar med hjälp av en nagelsax eller håltång. Kommer du att förvara kakor i boxen är det en god idé att klä insidan med plastfilm innan du klipper ut mönstret, för att undvika fettfläckar i kartongen.

2. Lägg en linjal (på det som ska bli boxens insida) på en av linjerna som går från mittenkvadratens hörn ut mot mallens kant och vik mot linjalen. Upprepa på samtliga sidor.

3. Vik kvadraten i mitten genom att lägga linjalen mot vardera sida, ett i taget, och vik upp. Du har nu en kvadratisk låda med fyra utåtvikta vingar.

4. Vik in de fyra flikarna så att de kan stänga boxen.

5. Böj ståltråden i 90 grader 6 centimeter in från båda ändarna så att du får ett handtag. För att sätta ihop boxen viker du in de utåtvikta vingarna mot vardera kortsida och trär in handtaget i hålet som bildats i pappret. Vik in 1 centimeter av ståltråden inuti boxen, mot pappret, för att hålla handtaget på plats. Det gör också att boxen håller ihop. Gör likadant på boxens andra sida. Vill du inte ha ett handtag på boxen kan du byta ut ståltråden mot jungfruben i stället.

Tips! Kommer du att förvara kakor i boxen kan det vara en god idé att klä insidan av boxen med plastfilm innan du klipper ut mönstret, för att undvika fettfläckar i pappret. Den självhäftande filmen hittar du i färgaffärer.

Sovmask

Det finns en anledning till att Carrie Bradshaw i Sex and the City alltid är så tjusig, oavsett hur många Cosmopolitans hon hinkat kvällen före. Hemligheten stavas: sovmask. För hur, om inte med hjälp av en svart mask för ögonen, ska man kunna stänga ljuset ute och få sin skönhetssömn under långa mornar eller sena eftermiddagsflyg?

Den här sovmaskens reglerbara band är gjort av en gammal bh, medan själva masken är sydd av mjukt fleecetyg. Så drick en Cosmopolitan till och sluta oroa dig för morgondagen!

Du behöver:

Velourtyg
Fleecetyg
En gammal bh
Tråd
Brodergarn
Spetsband

Knappnålar
Tygsax
Symaskin

1. Rita av mönstret från sidan 87 på ett bakplåtspapper och klipp ut. Nåla fast mönstret på dubbelvikt velourtyg och klipp ut med 1 centimeters sömsmån. Lägg mönstret på dubbelvikt fleecetyg och klipp ut intill kanten, utan sömsmån. Tråckla ihop de båda fleecebitarna för hand med några stygn längs kanterna.

2. Sicksacka kanterna på de båda velourdelarna.

3. Klipp av ett av de reglerbara banden från en bh. Lägg bandet på rätsidan av en av velourbitarna med ändarna utåt. Lägg den andra velourbiten ovanpå, rätsida mot rätsida, och nåla fast. Bandet bör nu ligga inuti masken.

4. Sy 1 centimeter från kanten med raksöm men lämna en 4 centimeter stor öppning längst upp. Vänd masken ut och in, och stoppa in fleecet. Det kan vara lite pilligt eftersom fleecet gärna fastnar i velourtyget, så ha tålamod. Sy igen öppningen för hand.

5. För att få fleecen att ligga på plats, sy för hand en söm 1 centimeter in från maskens ytterkant med brodergarn. Dekorera med spetsband.

Far

Kaffekoppsljus

Släng inte bort kaffekoppar bara för att de förlorat sina vänner eller blivit av med sitt fat i disken. Kopparna kan nämligen återanvändas till de mest underbara doftljus.

Det här pysslet är mycket enklare än det ser ut och till på köpet kan du själv bestämma vilken doft du vill ha utan att behöva punga ut med 300 kronor för upplevelsen.

Tänk på att ljusmassan blir väldigt het när du värmer den. Små barn och svindyra kläder göre sig alltså icke besvär under pysslandet.

Du behöver:

- Vekar
- Kaffekoppar
- Ljusmassa
- Eterisk olja
- Färgpigment för ljusmassa

- Pennor
- Oöm burk att värma massan i

1. Knyt en bit veke runt en penna och klipp av snöret så att det precis når botten på kaffekoppen. Lägg pennan mitt över kaffekoppen.

2. Värm ljusmassan i en oöm plastburk i ett vattenbad på spisen. Ta upp behållaren från vattenbadet när all ljusmassa har smält. Tillsätt cirka 10 droppar eterisk olja samt färgpigment och rör om. På sidan 66 kan du läsa mer om eteriska oljor.

3. Häll det heta stearinet i kaffekoppen och fyll nästan ända upp. Det är viktigt att du inte rör koppen förrän allt stearin har stelnat för att få en så slät yta som möjligt. Ljusmassan kommer att sjunka ner lite kring veken, så fyll på med ytterligare stearin efter ungefär en timme.

Tips! För att ljuset ska brinna jämnt och inte gräva ett hål i mitten bör du ha det tänt en längre tid åt gången.

Pralinaskar

En sökning på ordet origami på internet ger ofattbara 15,6 miljoner träffar och uppfattningen att papperskonsten i dag är för världen vad tennisen var för Sverige på 1970-talet. Det tycks finnas en hel uppsjö subkulturella klubbar där ute vars protokoll ser bra mycket roligare ut än det från det egna bostadsrättsmötet.

De här enkla askarna passar perfekt att förvara chokladpraliner i och blir, med ett frasigt silkespapper inuti, en utmärkt gå bort-present.

Du behöver:

Två vackra papper
Silkespapper att lägga inuti

1. Vik ett av papprets hörn till dess motsatta sida så att du får en triangel. Klipp bort eventuellt överflödigt papper som befinner sig utanför triangeln för att få en kvadrat.

2. Vik även det andra hörnparet mot varandra så att du får ett kors i mitten av pappret.

3. Vik vardera hörn in mot korsets mitt. Vik därefter vardera hörn mot det veck som bildades vid förra vikningen. Du bör nu ha en kvadrat i mitten av pappret bestående av 16 delar.

4. För ett av papprets hörn mot mitten och vik över pappret så att den vikta delen ligger i kant med mittlinjen. Gör samma sak på motstående sida.

5. Ställ de två senaste vikningarna rakt upp och vik en av de återstående sidorna diagonalt mellan dess yttersta och näst yttersta vikning. Vik ner pappret som sticker upp så att det ligger kant i kant med de två trianglarna i askens botten. Upprepa momenten på motstående sida.

6. Klipp långsidan av det andra pappersarket 5 millimeter mindre än det föregående, och upprepa därefter proceduren. Den mindre asken kommer att bilda underdelen, medan den större får agera lock. Avsluta med silkespapper.

BONJOUR

Chokladpraliner

Från att ha varit ett folk som älskar mellandagsrea och gruppresor till Ullared sätter svenskarna plötsligt kvalitet framför kvantitet. I dag ska godsakerna vara äkta, små och framförallt handgjorda.

I Paris har trenden pågått en längre tid, och där ger de mest anrika pralinhusen varje år ut kollektioner med inspiration från de hetaste modeinfluenserna.

Men du behöver inte åka till Paris för att få njuta av handgjorda praliner – det räcker med att ta cykeln till affären för att inhandla ingredienserna och själv skapa haute couturen i ditt kök.

Lakritspraliner

Du behöver:

200 g mörk choklad
1 dl vispgrädde
½ dl mjölk
1 tsk honung
4 tsk lakritspulver
50 g rumstempererat smör

Doppning och dekor:

150 g mörk choklad
10 g vit choklad

1. Hacka chokladen genom att slå på förpackningen med exempelvis en kavel och häll chokladkrosset i en skål.

2. Koka upp grädde, mjölk och honung i en kastrull. Sikta lakritspulvret med en sil (till exempel en tesil) över vätskan så att den inte klumpar sig, och rör om.

3. Häll den heta vätskan över chokladen och blanda till en slät kräm. Tillsätt smöret i mindre bitar och rör till en blank massa. Ställ i kylskåpet över natten.

4. Ta fram chokladen ett par timmar innan du ska bereda den så att den hinner mjukna. Rulla till kulor och lägg på ett fat i kylskåpet. Smält chokladen till doppningen i mikro eller över vattenbad, doppa kulorna, lyft upp med en gaffel och lägg dem på en bakplåtspappersklädd bricka.

5. Smält den vita chokladen och häll i en spritspåse med minimalt hål och dekorera pralinerna. Chokladen håller sig fräsch i minst en vecka i en tättslutande burk i kylskåpet.

Tips! Lakritspulver hittar du i till exempel hobby- och kryddbutiker.

Chilipraliner

Du behöver:

1 ½ dl vispgrädde
1 msk muscovadosocker
1 tsk honung
1 tsk chiliflingor
200 g mörk choklad
25 g rumstempererat smör

Doppning och dekor:

150 g mörk choklad
Chiliflingor

Mjuka iskubsformar

1. Värm grädde, socker och honung i en kastrull. Häll i chiliflingorna och dra kastrullen från plattan. Låt stå och dra under lock i 5–10 minuter beroende på hur starka du vill ha pralinerna.

2. Hacka chokladen, koka upp grädden igen och häll den över chokladen genom en sil. Rör tills chokladen har smält. Tillsätt smöret och rör till en blank massa.

3. Sätt en plastpåse i ett glas och häll chokladen i påsen. Klipp ett litet hål i det ena nedre hörnet och spritsa chokladen i mjuka iskubsformar genom att sätta spritsen långt ner i formen och klämma till. På så sätt skapas en fin pralin utan luftbubblor eller korvar. Slå formen lätt mot bänken så att smeten fördelar sig jämnt. Ställ formarna i frysen i minst 2 timmar.

4. Tryck ut pralinerna ur formen. Smält chokladen till doppningen i mikro eller över vattenbad och doppa pralinerna. Lyft upp med en gaffel, låt rinna av lite och lägg på en bakplåtspappersklädd bricka. Strö över chiliflingor innan pralinerna hunnit stelna.

Tips! Hur många kakor eller praliner blir det? Eftersom storleken på formar kan variera har jag inte skrivit ut vilket antal kakor varje recept ger. Så stirra dig inte blind, utan gör den storlek och form som passar dig – en munsbit eller mer rejält tilltaget.

Bild på pralinerna ser du på föregående uppslag.

Tidskriftsamlare

Att börja på ett nytt jobb är som att starta en ny termin i skolan. Man får köpa nya pennor, en vacker kaffekopp och ha det så där välorganiserat på skrivbordet. Men efter bara några veckor brukar det se ut som om någon gjort en Falling Down på ens kontor: mejlboxen är överfull, post it-lappar pockar ilsket på din uppmärksamhet medan pappershögarna bara växer.

De här tidskriftsamlarna hjälper dig att hålla ordning terminen ut. Och kanske har du alltid längtat efter att ha en drös glada 1950-talspinuppor i bokhyllan, en svartvit bild över Broadway eller en avslappnande söderhavsö?

Du behöver:

4 tidskriftsamlare
En bild i A4-format
Lim

1. Välj en liggande bild för att kunna täcka samtliga tidskriftsamlare. Klipp sönder bilden vertikalt i fyra lika stora delar. Varje del bör bli omkring 7 1/2 centimeter bred.

2. Limma på baksidan av första bilden och fäst den i mitten på en av tidskriftsamlarnas front. Fortsätt att göra likadant på de återstående tidskriftsamlarna. Vill du kan du även limma en etikett under bilderna för att kunna märka ut vad boxarna innehåller.

Tips! Underlätta bläddrandet efter det där smarriga receptet nästa gång du behöver det genom att sätta post it-lappar med korta beskrivningar på de sidor du gillar. Ett ljuvligt inredningsreportage kanske får texten "Inspiration sovrum", en god jordgubbstårta "Till midsommar!" och en solskensartikel "Läs när jag är deppig". Om du river ut de sidor som har reklam på båda sidorna får du dessutom plats med ännu fler tidningar i dina samlare.

HURACAN RAMIREZ
TONINA JACKSON
Pacific
THRILLING

Färgat socker

Visst är socker i alltför stora mängder varken bra för tänderna eller figuren, men ibland kan man faktiskt behöva piggas upp – både energimässigt och till sinnet.

Det här färggranna och fruktsmakande sockret är perfekt att dekorera kakor och praliner med. Allra vackrast blir det om du tillverkar socker och glasyr i samma färg – då ser det nästan ut som att kakorna glittrar. Som färg- och smaksättare kan du använda exempelvis hallon, blåbär, krusbär eller svarta vinbär.

Du behöver:

1 1/2 dl strösocker
1 tsk fruktpuré

1. Gör fruktpurén genom att mixa frukt till en jämn konsistens. Passera bär med kärnor genom att pressa dem genom en sil.

2. Blanda sockret med purén och sprid ut det i en ugnsform. Torka sockret på 100° c i mitten av ugnen i 10–15 minuter. Rör om då och då och finfördela med en gaffel så att det inte blir klumpar.

3. Häll upp sockret på en tallrik och låt svalna – eventuellt kan du behöva mosa uppkomna klumpar med en gaffel. Förvara sockret i tättslutande burk. Uttjänta kryddburkar är perfekta – ta bort etiketten med hett vatten och diskmedel, så har du en enkel och stilren förvaring.

Tips! För snyggt rosa Dolly Parton-gitarrer bakar du en vanlig mördeg och skär ut instrumentet efter en förlaga i kartong. Grädda och låt svalna. Gör en kristyr genom att vispa 1 äggvita styvt tillsammans med några droppar citron. Tillsätt 2 deciliter florsocker och några droppar röd hushållsfärg och fortsätt vispa i 5 minuter tills kristyren har blivit tjock och glansig. Spritsa eller bred över kakorna. Strössla hallonsocker över kristyren innan den har hunnit torka.

Snöglober

I romantiska komedier finns ofta: a) en komplikation som sätter käppar i hjulet för kärleksparet: en svärmor, jobbsituation eller to-cool-for-you-attityd, b) det stora missförståndet – en detalj ur det förflutna som ställer till det, och c) en snöglob med motiv från staden som någon av parterna fundersamt vickar på till tonerna av sentimentala stråkar.

Att snögloben inte längre enbart är en tacky souvenir har vi kanske Hollywood att tacka för. Tyvärr tillverkas de alltför sällan med motiv från den egna semestern.

Till det här pysslet är det viktigt att använda rekvisita vars färger inte släpper i kontakt med väta. Undvik också det allra minsta glittret, eftersom det tenderar att lägga sig på vattenytan snarare än att falla vackert.

Du behöver:

Glasburkar
Vattentåliga dekorationer
Vattenfast lim
Destillerat eller kokat, avsvalnat vatten
Glitter eller konstgjord snö
Diskmedel
Hobbyfärg
Vackra band
Eventuellt cernit- eller fimolera

Pensel

1. Rengör burken ordentligt – du kan behöva ta hjälp av stålull för att bli av med de sista etikettresterna.

2. Bygg ett landskap på insidan av locket och testa att sätta burken ovanpå för att se att dekorationerna får plats. Riskerar figurerna att inte synas kan du forma en platta i cernitlera eller fimolera. Varför inte bygga ett snölandskap i vit lera eller en klimatpåverkad alptopp i en gråbrun nyans? När du är nöjd limmar du fast dekorationerna. Låt torka minst en timme.

3. Fyll burken med vatten, glitter samt en väldigt liten knivsudd diskmedel så att glittret inte klumpar ihop sig eller samlas på ytan. Sätt på locket för att se att det är tillräckligt med vatten. När du är nöjd limmar du fast locket med en sträng lim i gängorna.

4. Snygga till locket genom att måla över eventuell text med hobbyfärg och knyt ett vackert band om stommen.

Tips! På internet kan du hitta ursöta saker i miniatyr som passar perfekt i en snöglob. Sakerna är ofta exakta kopior av verkliga ting, som allmogeskåp, läskflaskor, instrument, sjuanstolar, kristallkronor och hela badrumsmöblemang. Sök på dockskåpsmöbler eller kika på www.skalaminimal.se.

1 2 3 4 5 6 7 8 9 10 11 12 13 14 15 16 17 18 19 20 21 22 23 24

Adventskalender

Så här ett par decennier efter barndomen vet vi mycket väl hur många dagar det är kvar till julafton – det är nämligen då vi ska slutspurta på jobbet, baka lussekatter, träffa alla vi inte hunnit med i år heller och förtvivlat hitta de där perfekta julklapparna.

Kanske är det därför vi som vuxna behöver en adventskalender som allra mest? För att hitta tillbaka till det där förväntansfulla pirret som öppnandet av dagens lucka ger?

Den här adventskalendern tar lite tid att göra eftersom färgen måste torka mellan varven, men visst önskar du i ärlighetens namn att julpysslandet ändå kunde börja redan i november?

Du behöver:

Träbit
Magnetfärg
Isblå träfärg
Sifferklistermärken
Vit kraftig filt, tjocklek 5 mm
Lim
Magnet
Snöbärskvist i plast
Rådjur
Tygband

Eventuellt såg
Penslar
Borrmaskin

1. Såga till en träbit 25 centimeter lång x 10 centimeter bred. Smartast är att få träbiten tillsågad redan på byggmarknaden. Då behöver den inte kosta mer än några kronor – och du slipper släpa hem en mindre flaggstång.

2. Måla träbiten med magnetfärgen fyra lager på främre långsidan. Rör om färgen ordentligt för att få med så mycket magneter som möjligt. Låt torka. Måla därefter över med träfärgen – det kan behövas två lager.

3. Klipp ut siffrorna 1 till 24 ur sifferarket och klistra fast dem på träbitens ovansida.

4. Klipp ut en snöflinga ur filten efter mallen på sidan 92 och limma fast den på en magnet. Måla magnetens sidor i samma färg som kalendern.

5. Nu är det bara det roligaste kvar: utsmyckningen. Borra hål för snöbären och tryck ner kvistarna tillsammans med lite lim. Limma fast rådjuret och knyt ett vackert band kring stommen. Se till att du inte fäster bandet i mitten av träbiten, eftersom snöflingan måste få plats att flyttas. Du kan också använda glitterlim för att göra gnistrande snöflingor eller skriva på kalenderns ovansida.

Tips! Om du gör kalendern till en amerikansk vän så glöm inte att lägga till en extradag, eftersom julfirandet i USA börjar först den 25 december.

Julgranskulor

Varför låta sig begränsas av varuhusens dussinutbud när du egentligen vill ha Elvis Presley i julgranen? Det här julpyntet är jättenkelt att göra och brukar få en hel julfest att Oooooh:a framför granen. Dessutom passar de utmärkt att hänga i fönstret, lägga upp på ett vackert kakfat eller till att användas i dukningen.

Välj i första hand små motiv på tunnare papper från exempelvis veckotidningar eftersom de blir snyggare på kulans välvda form. Vill du använda ett fotografi så kopiera först bilden till ett tunnare papper.

Du behöver:

Julgranskulor
Motiv
Decoupagelim
Glitterlim
Tygband

Pensel

1. Torka av julgranskulorna med en trasa så att de är helt dammfria. Klipp ut bilderna och se till att de passar i storlek. Ju större och fyrkantigare bilder du väljer, desto mer kommer de att skrynklas till i kanterna.

2. Stryk ett tunt lager decoupagelim på baksidan av bilden och fäst på kulan. Använder du för mycket lim kommer det att hamna utanför och synas, speciellt om du valt en frostad kula. Lägg julgranskulan på toppen av ett glas med motivet uppåt för att torka.

3. Dekorera med glitterlim, peel off-stickers eller relieffärger och knyt ett matchande band om kulans hänge.

Tips! På sidan 45 ser du hur du gör fatet på bilden.

Rudolf
God Jul

Stickad cape

Hur Parismodet med dess tunna trenchcoats och finstickade halsdukar år efter år kan slå igenom i ett land som Sverige är egentligen obegripligt. Försöker vi slå finnarna i statistiken över världens mest suicidala folk, eller får vi i november varje år en kollektiv minnesförlust av fjolåret?

I Hollywood däremot, där solen skiner 360 dagar om året, har flertalet skådespelare insett njutningen i att sticka en värmande sjal för vintern. Såväl Kate Hudson som Hillary Swank och Uma Thurman har synts med komplicerade stickmönster i handväskan, och så kallade stickkaféer poppar upp som svampar ur jorden.

Så häng på stjärnornas senaste trend och ta dig an den här värmande capen. Mönstret och modellen har Lenah Wirén på KnitLab tagit fram.

Du behöver:

650 g Manos del Uruguay, färg 2800
25 g Blue Sky Brushed Suri, färg 908

Rundsticka nr 12
Virknål nr 5
Tapisserinål
2 strumpstickor nr 5,5
En bit kartong till tofsarna
Virknål nr 10

Förkortningar

m = maska
rm = rät maska
am = avig maska
omsl = omslag

En instruktion mellan två stjärnor upprepar du från * till * det antal gånger som står efter instruktionen.

- Lägg upp 152 maskor med dubbelt garn (Manos del Uruguay) på rundstickan.
- Varv 1: Avigt.
- Varv 2: 2 rm, *1 omsl, 2 rm tillsammans*. Upprepa från * till * tills 2 maskor återstår. Sticka dessa räta. Detta varv är "hålvarvet" där du ska stoppa in snodden, se nedan.
- Varv 3: Avigt.
- Varv 4: Rätt.
- Varv 5: Avigt.
- Varv 6: 2 rm, *1 omsl, 2 rm tillsammans, 16 rm*. Upprepa från * till * tills 4 maskor återstår. 2 rm tillsammans, 1 omsl, 2 rm.
- Varv 7: Avigt.
- Varv 8: Rätt.
- Varv 9: Avigt.
- Varv 10: Som varv 6.
- Varv 11: Avigt.
- Varv 12: Rätt.
- Varv 13: Avigt.
- Varv 14: Som varv 6.
- Varv 15: Avigt.
- Varv 16: Rätt.
- Varv 17: Avigt.

Fortsättning på nästa uppslag.

• Varv 18: Som varv 2.
• Varv 19: Avigt.
• Varv 20: Rätt.
• Varv 21: Avigt.
• Varv 22: 2 rm, 1 omsl, 2 rm tillsammans, 7 rm, 2 rm tillsammans, *1 omsl, 2 rm tillsammans, 14 rm, 2 rm tillsammans*. Upprepa från * till * tills 12 maskor återstår. Sticka 8 rm, 2 rm tillsammans, 1 omsl, 2 rm.
• Varv 23: Avigt.
• Varv 24: Rätt.
• Varv 25: Avigt.
• Varv 26: 2 rm, 1 omsl, 2 rm tillsammans, 7 rm, *1 omsl, 2 rm tillsammans 13 rm, 2 rm tillsammans, 1 omsl, 2 rm tillsammans*. Upprepa från * till * tills 12 maskor återstår. Sticka 8 rm, 2 rm tillsammans, 1 omsl, 2 rm.
• Varv 27: Avigt.
• Varv 28: Rätt.
• Varv 29: Avigt.
• Varv 30: 2 rm, 1 omsl, 2 rm tillsammans, 7 rm, *1 omsl, 2 rm tillsammans 12 rm, 2 rm tillsammans, 1 omsl, 2 rm tillsammans*. Upprepa från * till * tills 12 maskor återstår. Sticka 8 rm, 2 rm tillsammans, 1 omsl, 2 rm.
• Varv 31: Avigt.
• Varv 32: Rätt.
• Varv 33: Avigt.
• Varv 34: Som varv 2.
• Varv 35: Avigt.
• Varv 36: Rätt.
• Varv 37: Avigt.
• Varv 38: 1 rm, 2 rm tillsammans, 1 omsl, 2 rm tillsammans, *11 rm 2 rm tillsammans, 1 omsl, 2 rm tillsammans*. Upprepa från * till * tills 5 maskor återstår. 2 rm tillsammans, 1 omsl, 2 rm tillsammans, 1 rm.
• Varv 39: Avigt.
• Varv 40: Rätt.
• Varv 41: Avigt.
• Varv 42: 1 rm, 2 rm tillsammans, 1 omsl, 2 rm tillsammans, *10 rm 2 rm tillsammans, 1 omsl, 2 rm tillsammans*. Upprepa från * till * tills 5 maskor återstår. 2 rm tillsammans, 1 omsl, 2 rm tillsammans, 1 rm.
• Varv 43: Avigt.
• Varv 44: Rätt.
• Varv 45: Avigt.
• Varv 46: 2 rm tillsammans, 1 omsl, 2 rm tillsammans, *9 rm 2 rm tillsammans, 1 omsl, 2 rm tillsammans* . Upprepa från * till * tills 5 maskor återstår. 2 rm tillsammans, 1 omsl, 2 rm tillsammans, 1 rm.
• Varv 47: Som varv 2.
• Varv 48: Avigt.
• Varv 49: Minska genom att sticka ihop 2 rm hela varvet ut.
• Varv 50: Avigt.
• Varv 51: 2 rm, 1 omsl, 2 rm tillsammans. Sticka rm tills 4 maskor återstår. 2 rm tillsammans, 1 omsl, 2 rm.
• Varv 52: Avigt.
• Varv 53: Rätt.
• Varv 54: Avigt.
• Varv 55: Som varv 51.
• Varv 56: Avigt.
• Varv 57: Rätt.
• Varv 58: Avigt.
• Varv 59: Som varv 51.
• Varv 60: Avigt.
• Varv 61: Rätt.

• Varv 62: Avigt.
• Varv 63: 2 rm, *2 rm tillsammans, 2 rm*. Upprepa från * till * varvet ut.
• Varv 64 Avigt.
• Fäst alla trådar i capen med hjälp av tapisserinålen när du är klar med kragen.

Krage

Sticka 19 varv slätstickning. Maska av på ett rätt varv.

Insidan av kragen

Virka en så kallad tambursöm på insidan av kragen med garnet Brushed Suri och virknål nr 5. Sömmen får du genom att virka kedjesöm med luftmaskor genom stickningen – både ned- och uppsticket görs alltså genom samma maska. Täck hela insidan av kragen.

Snodd

Lägg upp 3 maskor med både blått och vitt garn på en strumpsticka, och lämna 30 centimeter av uppläggningstråden. Sticka maskorna rätt. I stället för att vända stickan med maskorna, för du maskorna till höger på stickan och för garnet bakom arbetet. *Sticka 3 räta maskor och för tillbaka maskorna till höger på stickan, sticka 3 räta maskor*. Genom att sticka så här får du en snodd som ser påtad ut. Fortsätt tills snodden är 1 1/2 meter, maska av och klipp av garnet 30 centimeter från arbetet. Trä in snodden i hålvarvet nedanför kragen.

Tofsar

Klipp ut två stycken cirklar i kartongen i diametern 10 centimeter, och klipp ett 5 centimeter stort runt hål i mitten. Linda bitar av de olika garnerna runt pappskivorna tills hålet är nästan fyllt. Stick in en sax mellan skivorna och klipp av garnet längs kanten.

Trä in en av ändarna till snodden mellan skivorna och vira den hårt om garnet några varv, innan du syr fast den i tofsen med några stygn. Ta bort pappcirklarna. Klipp ner garnbollen till önskad form. Upprepa proceduren för ytterligare en tofs.

Uddkant

Börja längst ner på höger sida av öppningen framtill och virka med virknål nr 10 fasta maskor baklänges. När du virkat längs hela nederkanten bildas en udd. Avsluta och fäst tråden.

Armvärmare

Har du ännu inte fått in tillräcklig snits för att sticka en hel cape är de här armvärmarna en bra start. Värmarna stickas i enkelt garn.

Du behöver:

250 g Manos del Uruguay, färg 2800
25 g Blue Sky Brushed Suri, färg 908
Pärlor för påsömnad

5 strumpstickor nr 5,5
Virknål nr 4
Tapisserinål

• Lägg upp 32 maskor på strumpstickor nr 5,5. Sticka ihop sticka 1 och 4.
• Sticka 4 rm och 4 am i 2 varv. Vänd och sticka 4 rm och 4 am i 2 varv. Här börjar hålet för tummen.
• Sticka 2 rm *4 am, 4 rm*. Upprepa från * till * tills 2 återstår. Sticka dessa räta. Sticka rm på rm och am på am i ytterligare 3 varv.
• Sticka 4 am, 4 rm varvet ut. Sticka am på am och rm på rm i 3 varv.
• Sticka 2 am *4 rm, 4 am*. Upprepa från * till * tills 2 m återstår. Sticka dessa aviga.
• Upprepa ett varv.
• Sticka ihop stickningen igen och sticka rm på rm och am på am i 2 varv.

Fortsätt att sticka mönster

• Varv 1–4: 4 rm, 4 am. Upprepa varvet ut.
• Varv 5–8: 2 am, *4 rm, 4 am*. Upprepa från * till*.
• Varv 9–12: 4 am, 4 rm. upprepa varvet ut.
• Varv 13–16: 2 rm,*4 am, 4 rm*. Upprepa från * till*.

När armvärmaren mäter 35 centimeter delas arbetet mellan sticka 2 och 3 för sprundet, och stickas i 12 varv slätstickning. På de 6 första varven ökas 3 maskor per varv jämnt fördelat över varven, totalt 50 maskor.
• Maska av från rätsidan och fäst alla trådar med hjälp av tapisserinålen.

Nederkant

• Varv 1: Virka med garnet Brushed Suri på virknål nr 4 halvstolpar runt nederkanten.
• Varv 2: Virka 3 halvstolpar i varannan maskbåge. Avsluta och fäst tråden.
• Sy fast pärlorna i övergången mellan de två färgerna.

Chokladklubbor

Någonstans mellan det första betyget och uppkörningen försvinner lördagsgodiset ur vår veckorutin. Det är synd. För den där stunden är ju inte bara en njutningsfull avkoppling från vardagen, utan också ett sätt att riktigt uppskatta vad du har i påsen.

Med den här chokladklubban hoppas jag att du tar tillbaka ritualen med lördagsgodis i ditt liv igen. För att uppdatera godiset till en vuxnare smak är klubban gjord på härligt fyllig och mörk choklad toppad med kardemumma.

Du behöver:

2 msk hela kardemummakärnor
1 dl mellangrädde
1 msk neutral honung
200 g mörk choklad
50 g rumstempererat smör

Doppning och dekor:

150 g mörk choklad
15 cocktailpinnar

1. Stöt kardemummakärnorna lätt i en mortel och koka upp tillsammans med grädde och honung. Ta kastrullen från plattan och låt stå under lock i 15–20 minuter.

2. Hacka under tiden chokladen. Koka upp gräddblandningen på nytt och häll vätskan över chokladen genom en sil. Tillsätt smöret i mindre bitar och rör till en slät kräm. Ställ skålen i kylskåpet över natten.

3. Låt chokladen mjukna i några timmar innan du rullar chokladen till praliner. Glider den kan du pudra handflatan lätt med kakao för att få ett stadigare grepp. Lägg upp pralinerna på ett fat och stick en cocktailpinne i varje. Ställ in i kylskåpet medan du smälter chokladen till doppningen i mikron eller över ett vattenbad.

4. Doppa klubborna i den smälta chokladen och låt det droppa av ordentligt innan du ställer klubborna på en bricka klädd med bakplåtspapper. Låt stelna i kylen. Slå in klubban i cellofanpapper. Ät direkt eller låt den smälta i en kopp varm mjölk.

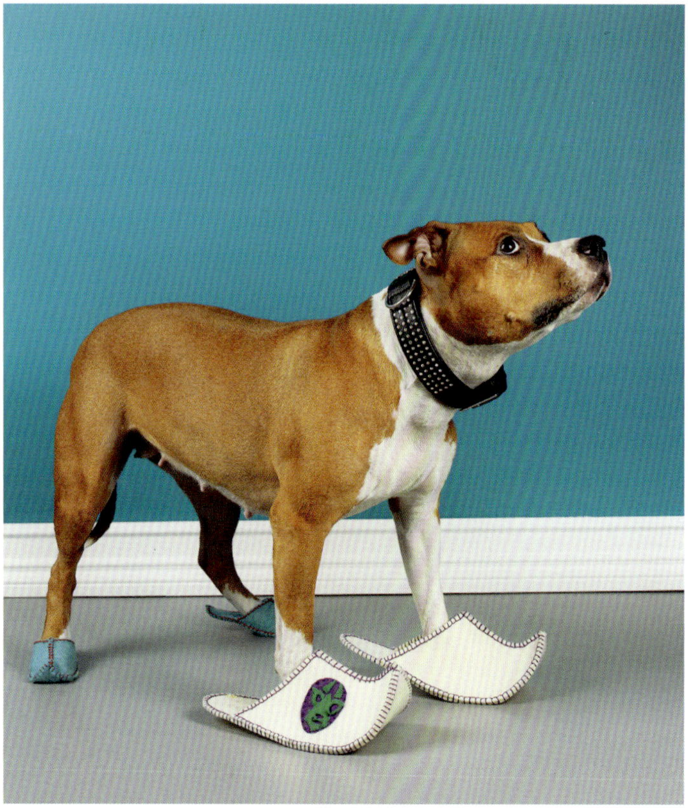

Tofflor

Under 1970-talet var det lika självklart att erbjuda sina gäster lånetofflor som att bära batikmönstrade jeans. Sedan dess har trenden med hemmagjorda tofflor varit lika iskall som gästernas fötter, men i dag är det åter helrätt.

Till det här pysslet rekommenderar jag att investera i två fingerborgar, en för tummen och en för pekfingret. Den dubbelvikta filten kan stundtals vara svår att ta sig igenom med nålen, något som snarare går ut över dina fingrar än tyget.

Du behöver:

Kraftig filt, tjocklek 5 mm
Hobbyfilt
Brodergarn

Knappnålar
Synålar
Tygsax
2 fingerborgar

1. Förstora eller förminska sulmönstret på sidan 88 i en kopiator så att antalet centimeter mellan den streckade linjen och hälen överensstämmer med din skostorlek enligt tabellen. Förstora eller förminska den andra mönsterdelen med lika många procent. Nåla fast mönstret på filten och klipp ut en del av det större mönstret och två av det mindre.

2. Rita av dekorationen från mallen längst bak i boken och klipp ut den ur hobbyfilten. Gör du en liten skostorlek kan du först behöva förminska mallen till dekorationen. Sy fast dekorationen på en av de mindre mönsterdelarna med kedjesöm.

3. Lägg de två mindre mönsterdelarna ovanpå varandra och sy med langettsöm ihop dem i överkanten. Vik ut de hopsydda delarna som ett tält över sulan och sy fast med langettsöm. Sy även en langettsöm som dekor längs sulans häl samt längs toffelns öppning. Vill du förstärka toffeln kan du klippa ut en sula i skinn och sy fast på toffelns undersida.

Storleksguide

Storlek	Centimeter
35	22,5
36	23
37	24
38	24,5
39	25
40	26
41	26,5
42	27
43	28
44	28,5
45	29

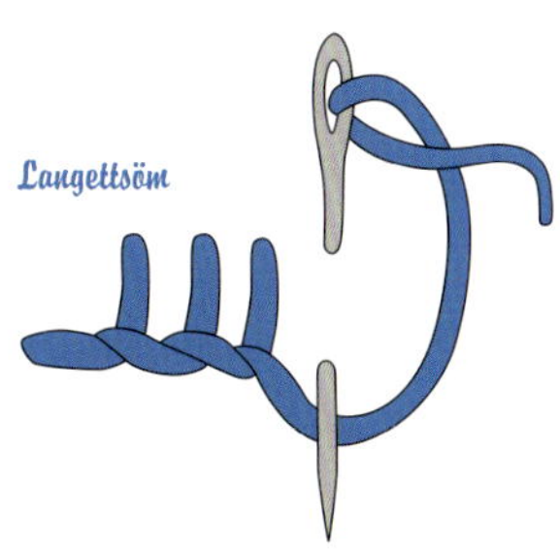

Skolådor

Varför duka under av skokaoset i garderoben när klackarna egentligen trivs bäst i kartongerna de kom i? Med hjälp av vackert papper, lim och förvaringsfickor för visitkort kan du skapa en ordning i röran som skulle göra den mest nitiske korpral imponerad.

Du behöver:

Skokartong
2 papper, omkring 70 x 100 cm
Limstift
Plastficka för visitkort
Bild på dina skor

1. Ställ lådan mitt på pappret och vik upp det längs sidorna. Gör likadant på kortsidorna.

2. Limma undersidan av pappret och klistra fast det på lådan. Limma en kortsida i taget och limma fast såväl kortsidan som de två vingarna, som du fäster på långsidorna.

Trimma pappret så att det sticker upp drygt 5 centimeter ovanför lådans kant.

Klipp en kil ner till vardera hörn så att det inte blir för tjockt när du viker ner pappersflikarna inuti lådan. Limma fast pappersflikarna mot lådans insida

3. Limma fast långsidorna mot lådans kant, vik flikarna över kanten och limma fast dem mot lådans insida.

4. Upprepa proceduren på lådans lock, och låt allt torka i en halvtimme.

5. Limma fast plastfickan på ena kortsidan, ta ett kort på dina skor, framkalla eller skriv ut och stick ner i fickan. Tänk på att fotografera en bit ifrån skorna så att motivet inte kapas i plastfickan.

Nu är det bara att börja massproducera skolådor för att få den där hett efterlängtade ordningen.

Macarons

Varje år under Paris modevecka beställer lyxmärkena kilovis med så kallade macarons till sina visningar. Och det är inte så konstigt. Har man väl smakat de ljuvliga mandelkakorna förstår man precis varför modeskaparna försöker blidka sin kräsna publik med just macarons. De riktigt smälter på tungan, och även om visningen varit dålig kan det höras en hel del Oooh! och Aaah! från läktarna – förtjusta tillrop adresserade de små bakverken.

Trots sitt delikata utseende är macaronerna inte särskilt svåra att baka själv – däremot är det lite pyssligt. För att få den vackra, släta ytan rekommenderas en mandelkvarn, eftersom matberedare inte ger det finkorniga mjöl som krävs. Du gör också klokt i att investera i en köksvåg, eftersom det är viktigt att måtten är exakta.

När du väl har lärt dig knepen kan du börja experimentera med olika smaksättningar. Kanske är viol och svarta vinbär en ljuvlig kombination, eller varför inte hallon, fläder och syndigt svart lakrits? Själv har jag pistage som min absoluta favorit på macaronens högborg: det franska konditoriet Ladurée från 1862.

Citron- och vallmomacarons

Du behöver:

100 g mandel
150 g (2 ½ dl) florsocker
2 äggvitor
Gul hushållsfärg

Fyllning:

100 g vit choklad
30 g (½ dl) florsocker
1 msk vallmofrön
Rivet skal från 1 citron

Hushållsvåg
Mandelkvarn
Elvisp
Spritspåse

1. Skålla och skala mandeln och låt den torka helt innan du maler den. Blanda den malda mandeln med hälften av florsockret.

2. Vispa äggvitorna med elvisp, först på låg hastighet innan du ökar efter hand, gärna i en rostfri bunke. Det ska bli till ett hårt skum. Vänd ner resten av florsockret gradvis under vispning, annars riskerar äggvitan att sjunka ihop. Fortsätt vispa i ungefär 5 minuter tills du fått en fast marängsmet.

Fortsättning på nästa sida.

Vill du få kakorna citrongula tillsätter du hushållsfärg, annars blir de vackert crèmefärgade. Vänd försiktigt ner mandelmjölet och rör ihop med en gaffel – undvik att vispa för mycket.

3. Spritsa med hjälp av en plast- eller spritspåse ut smeten i rundlar stora som femkronor på en bakplåtspappersklädd plåt. Ju vidare cirklar du gör desto större risk för att kakorna spricker i ugnen.

4. Låt kakorna vila cirka en timme på plåten för att undvika att de spricker i ugnen.

5. Sätt ugnen på 150° C och baka i nedre delen i cirka 8–10 minuter. De ska vara lite sega inuti.

6. Dra bakplåtspappret direkt från plåten över till en bänk och låt svalna.

7. Smält chokladen och blanda med florsocker, citronskal och vallmo till en slät kräm. Bred eller spritsa kräm på en kaka och lägg ihop med ytterligare en så att det blir som en hamburgare. Macaronsen håller sig fräscha i en vecka i tättslutande burk.

Tips! När du ska skala mandlarna kan du lägga de skållade mandlarna i en handduk, vika ihop och gnugga. När du öppnar handduken har skalen lossnat.

Hallonmacarons

Du behöver:

En sats av mandelkakorna från sidan 43

Samt:

Röd hushållsfärg
100 g rumstempererat smör
1 msk vaniljsocker
2 äggulor
30 g (½ dl) florsocker
2 msk hallonpuré

1. Följ receptet för mandelkakorna och tillsätt lite röd hushållsfärg i smeten. Tänk på att spara äggulorna.

2. Rör samman det rumstempererade smöret med vaniljsocker, florsocker, äggulor och hallonpuré till en slät kräm. Bred eller spritsa på macaronerna och sätt ihop till en kaka. Macaronerna är hållbara 1–2 dagar i rumstemperatur, och går bra att frysa in.

För pistagemacarons: Byt ut hälften av mandlarna mot pistagenötter och ta bort hallonpurén från smörkrämsreceptet ovan. Tillsätt eventuellt några droppar grön hushållsfärg.

Så gör du hallonpuré: Pressa tinade hallon genom en sil tills du har fått 2 matskedar jämn puré.

Tårtfat

Ett av de många lyxproblem vi har i västvärlden är vad vi ska göra med alla kakor, bullar och praliner vi bakar. Som barn fanns det alltid bröder, grannbarn eller skolbasarer som svalde det mesta, men som vuxen blir det knepigare. En utmärkt lösning är att starta ett kafferep. Då får du nämligen både göra kaffebrödet och kakfaten!

Det här fatet, som du själv bygger ihop av udda porslin, kräver inte mycket mer än lim, porslinsfärg och en rejäl skåprensning. Det mesta går att använda: assietter, snapsglas, koppar, äggkoppar och ljusstakar. En upp- och nervänd tallrik på en låg kaffekopp blir ett vackert tårtfat, medan en assiett med utskurna paisleymönster på ett snapsglas blir ett svulstigt uppläggningsfat för praliner.

Du behöver:

Porslin
Vattenfast lim
Porslinsfärg

Pensel

1. Diska porslinet noga och låt det torka.

2. Sätt en riklig mängd lim på det glas du ska fästa i exempelvis en assiett, låt torka några sekunder och tryck sedan fast. Håll en halv minut så att det fäster ordentligt. Lägg eventuellt en sträng lim även på utsidan av glaset tätt mot assietten och låt torka.

3. Måla fatet med en pensel av bättre kvalitet så att den inte lämnar streck i färgen. Du behöver måla flera lager för att färgen ska täcka – hur många beror på underlaget och vilken färg du valt. Satsa på mörkare nyanser till mönstrat porslin, eftersom det kan vara svårt att få färgen att täcka annars. Vit färg på ett kungsblått julfat kan hålla dig sysselsatt i veckor. Tänk också på att färgen ska vara kompatibel med livsmedel.

4. Låt fatet torka – sedan är det bara att börja fila på inbjudningskorten!

Bild på egentillverkade tårtfat ser du på sidorna 29 och 42 samt på omslaget.

Kaffekoppsvärmare

I dagens stressade samhälle verkar det bara vara spanande poliser som har tid att njuta av en riktigt varm kopp kaffe. Vi andra finner oss ofta sippandes på en avsvalnad kopp framåt lunch, sura över att kaffet hunnit kallna i dag också.

Med den här broderade muggvärmaren håller sig kaffet varmt även under din mest hektiska arbetsdag.

Aidaväv är rutmönstrat tyg avsett för brodyr som finns att köpa i tygbutiker och hobbyaffärer.

Du behöver:

Kraftig filt, tjocklek 5 mm
Brodergarn
Hobbyfilt
Aidaväv
Vlieseline
Sidenband
Genomskinligt nagellack

Tygsax
Nålar
Strykjärn

1. Klipp ut en 6 x 9 centimeter stor kvadrat ur aidaväven, och brodera ditt budskap med korsstygn. Se mall på sidan 89. Känns brodergarnet för tjockt kan du dela på det. Klipp ut eventuell dekor i hobbyfilt och sy fast med garnet.

2. Stryk fast broderiet på en lika stor bit vlieseline för att förhindra att tyget repar upp sig i kanterna.

3. Klipp ut en 8 1/2 x 25 centimeter stor kvadrat ur filten till en mugg med måtten 9 centimeter hög och 8 centimeter i diameter, och brodera med korsstygn fast ditt broderi.

4. Klipp bandet i fyra stycken 20 centimeter långa bitar och måla ändarna med genomskinligt nagellack för att ge stadga. Låt torka.

5. Sy fast två band på vardera kortsida av filten för att kunna knyta ihop muggvärmaren med. Tänk på att placera banden så att de går att trä mellan koppens handtag. Nu återstår bara att sätta på kaffebryggaren!

Så stryker du på vlieseline: Vlieseline är ett fibertyg som används för att stärka ett tyg. Du behöver varken nål eller symaskin för att fästa vlieselinet, utan stryker enkelt fast det i tyget med hjälp av ett strykjärn. Värm järnet till den temperatur som tyget du ska fästa vlieselinet på klarar av. Lägg den glansiga sidan av vlieselinet mot tygets avigsida och stryk fast. Det är viktigt att inte lägga den glansiga sidan uppåt, eftersom klistret då fastnar i strykjärnet och riskerar att förstöra det. Lägg gärna ett tunt, fuktigt bomullstyg mellan vlieselinet och strykjärnet för att vara helt säker på att inte få något klister på strykjärnet.

MORE
COFFEE
PLEASE

Konservburksvaser

Som värdinna är det lätt att bli överöst med blommor när man har kalas. Ljuvligt givetvis, men varje gång uppstår samma problem: Vad ska jag göra av blommorna och hur ska jag hinna arrangera dem? Allt-för ofta hamnar de vackra buketterna i öl-glas och vattenkannor.

Det här miljövänliga pysslet löser vär-dinnans förvaringsbekymmer genom att innehålla såväl blomsterarrangemang som vas. Så spara burkarna nästa gång du äter tonfisk eller bönor – de är utmärkta vaser.

Du behöver:

Oasis
Konservburkar
Blommor, till exempel anemoner, tulpaner, ranunkler och nejlikor
Bladgrönt

Blomsterkniv
Eventuellt blomsternålar

1. Skär till oasisen så att den passar i burken, och lägg den därefter i en skål med vatten och låt den sjunka ner av sig själv. Trycker du ner oasisen fylls den med luftbubblor varpå arrangemanget inte håller lika länge. Lägg över i konservburken.

2. Snitta blommorna och bladstjälkarna i önskad längd och stick ner dem i oasisen snett utifrån och in mot mitten. För en extra effekt kan du rulla ett tulpanblad och sticka en blomsternål igenom det. När du är nöjd med ditt arrangemang fyller du burken med vatten.

Arrangemanget håller omkring en vecka om du vattnar det.

Tips! Tänk på att välja den gröna oasisen, eftersom den grå är avsedd för torkade blommor.

Plastvaser

På samma sätt som konservburkar är utmärkta vaser fyller uttjänta plastflaskor samma syfte. Jag lovar att det blir roligare att shoppa rengöringsmedel efter att du har gjort det här pysslet!

Du behöver:

Plastflaskor
Blommor, till exempel tulpaner och ranunkler

Märkpenna
Skalpell

1. Rengör flaskorna noga så att eventuella kemikalier försvinner och lös upp etiketterna med hjälp av hett vatten och diskmedel.

2. Rita med en märkpenna de öppningar du vill ha för blommorna och skär ut med skalpell. Var försiktig eftersom det är lätt att slinta i plasten.

3. Stick ner blommorna i vasen och fyll på med vatten.

Hårspännen

Som inbiten pysslare kan det vara svårt att släppa in ivriga barnfingrar bland dyrbara papper, sidenband och textilsaxar som absolut inte får användas till annat än just tyger. Det riktigt ryser i kroppen vid blotta tanken på att se den där exklusiva vaniljstången från Tahiti i händerna på en nybörjare.

Men en motvilja till att pyssla med barn behöver ju inte utesluta att du kan göra saker till dem. De här hårspännena gör vilken 5-åring som helst överlycklig – och ger förhoppningsvis dig mer tid att pyssla själv.

Du behöver:

Hobbyfilt
Brodergarn
Vlieseline
Hårspännen, 7 cm långa

Nålar
Strykjärn

1. Klipp ut en 14 1/2 x 3 centimeter stor bit ur filten. Rita av de figurer du valt från mallarna på sidan 90 på ett bakplåtspapper och klipp ut. Nåla fast mönstret på de färgade filttyger du valt till dekorationen och klipp ut bitarna.

2. Gör en markering med en nål 1 1/2 centimeter från ena kortsidan på filtrektangeln. Den biten kommer du senare att vika in, varför inga dekorationer bör fästas ovanför markeringen. Dela brodergarnet på mitten så att tråden inte blir för tjock, och sy fast dekorationerna.

3. Klipp ut en bit vlieseline som är stor nog att täcka filten och stryk fast den på baksidan. Det är viktigt att vlieselinet går ända ut i kanterna på filten, eftersom det ska ge stadga när du senare syr fast filten i hårspännet.

4. Vik filten bakåt vid din tidigare markering, stick in hårspännet och sy längs kanterna. Vik in den resterande delen av filten under hårspännet och sy fast. Spännet bör nu sitta fast i sitt filthölje och går att användas direkt.

Tips! Genom att lägga fyllningsvadd bakom dekorationen innan du syr ihop den får du en tredimensionell effekt.

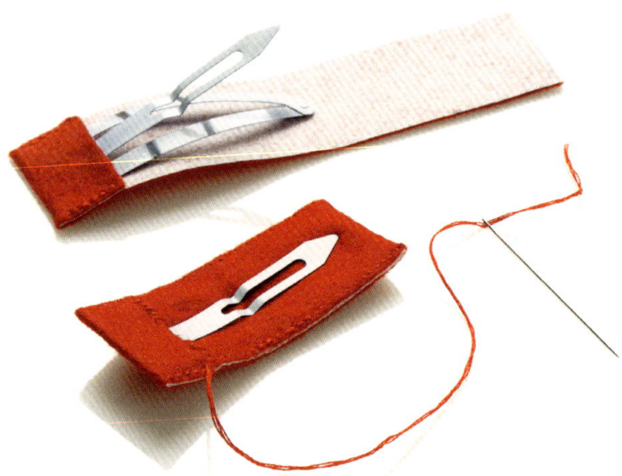

Kakmix

Det är klart att du ska njuta av hembakat även när livet knappt tycks bjuda på en toapaus! För är det inte just under de där hektiska jobbveckorna, koliknätterna och tentaperioderna som vi behöver en omsorgsfullt hembakad kaka som allra mest?

Den här färdigblandade kakmixen gör att du kan slänga ihop en plåt härligt sega chocolate chip cookies på en kvart. Eftersom de torra ingredienserna redan är blandade behöver du bara tillsätta ett ägg och smör och slå på ugnen.

Ladda skafferiet inför svårare tider eller ge bort i present till någon som behöver lite extra TLC.

Blanda i en burk:

100 g mörk choklad
½ dl nötter
2 dl farinsocker
2 dl fiberhavregryn
2 dl (120 g) vetemjöl
½ tsk bakpulver
1 tsk vaniljsocker
1 krm salt

Tillsätt vid bakning:

75 g smör
1 ägg

1. Hacka nötterna och chokladen grovt och häll tillsammans med övriga torra ingredienser över till en burk.

2. Vid utbakningen smälter du smöret och blandar det och ägget med de torra ingredienserna. Blanda väl. Rulla pingisbollsstora kakor och lägg på en bakplåtspappersklädd plåt. Du behöver inte platta till bollarna. Grädda i 175° C i nedre delen av ugnen i cirka 12 minuter. Låt svalna innan du lägger över dem på ett vackert kakfat.

Tips! Ge kakorna julkänsla genom att tillsätta pepparkakskrydda i smeten. Blanda ½ msk kanel, 1 msk mald ingefära, ½ msk malda nejlikor och ½ tsk mald kardemumma. Prova också rivet skal från en apelsin – eller choklad smaksatt med apelsin om du inte orkar riva. Superenkelt!

Tips! För att pimpa burken – och kamouflera att den tidigare innehållit något så oglamouröst som lingonsylt – kan du måla schabloner över den med hjälp av glas- eller frostingfärg. Skär ut en schablon ur ett bakplåtspapper och fäst på burken med dubbelhäftande tejp. Måla eller dutta på färg med en disksvamp, och låt torka.

Hönedräkt

Varför klä ut sina småttingar till gräsligt sminkade påskkärringar när de i stället kan pimpas till bedårande små hönor?

Du behöver:

1 vit långärmad tröja
2 vita fjäderboor
Vit tråd
1 vit babyhuva
Rött velourtyg
Röd tråd
1 par gula diskhandskar
Ballerinaskor
Lim
Stoppningsvadd
Vita leggings

Tygsax
Nålar
Symaskin

1. Trä tröjan över en stolsrygg och vira fjäderboorna runt bålen samt ärmarna. Tråckla fast med vanlig sytråd. Tänk på att inte sätta boan allt för långt upp i halsringningen eftersom fjädrarna då lätt kan hamna i munnen.

2. Rita av mönstret från till kammen, se sidan 91, på dubbelvikt velourtyg med 1 centimeters sömsmån. Klipp ut. Lägg räta mot räta och sy ihop tygerna, men lämna hela nederdelen öppen. Klipp upp små jack i rundningarna ute i sömsmånen för att tyget inte ska dra sig. Vänd på kammen och stoppa den lätt med vadd. Nåla fast kammen på huvans ovansida och tråckla fast med röd sytråd.

3. Fyll handskarnas fingrar med stoppvadd, och trä in höger ballerinasko i vänster diskhandske och vice versa. Klipp rakt in mot skons häl, för att kunna göra ett hål för foten i handsken. Limma fast handsken på sulans undersida samt på kanterna av skon. Klipp bort överblivet gummi. Dräkten är nu klar att användas.

Påskäggsblomma

Varför nöta på relationen till din tandläkare när påskägget blir så mycket finare med ögongodis som innehåll? Det här påskägget är ett två stegs-pyssel där du dekorerar både ägget och dess innehåll.

Påskägg i metall hittar du i hobbybutiken.

Du behöver:

Påskservetter
Påskägg i metall
Decoupagelim
Band

Oasis
Påskliljor, pärlhyacinter, videung och blåbärsris
Blomsterkniv
Pensel

1. Ta bort de undre lagren från servetten och klipp ut det motiv du valt. Lägg motivet på ägget och stryk decoupagelim med en pensel över servetten. Upprepa tills du har täckt hela ägget eller är nöjd med din dekoration. Låt torka innan du slutligen stryker ett tunt lager decoupagelim över hela ägget. Låt torka och klistra fast bandet kring äggets kant.

2. Skär till en bit oasis så att den passar i ägget. Lägg biten i en skål med vatten, och låt den själv sjunka och fyllas med vatten. Flytta över till ägget.

3. Snitta blommorna till önskad längd – de bör vara ganska korta. Stick ner stjälkarna snett i oasisen, utifrån och in mot mitten. Vattna arrangemanget vid behov.

Decoupagelim är ett lim som används för att fästa motiv från servetter på olika material. Limmet går både att använda för att fixera motiv med, och till att ge en yta ett vackert sidenmatt, alternativt blankt utseende.

Las Vegas-inspirerat armband

Det här armbandet är inspirerat av den gränslösa glamouren och spelandet i Las Vegas – men kan givetvis bäras i såväl Linköping som Limhamn.

Du behöver:

Metallkedja, tjocklek 5 mm
1 lås med motring
3 tärningar i trä
59 hattpinnar
49 klämpärlor
28 röda hjärtpärlor
18 röda rombformade pärlor
5 hjärtberlocker i silver
5 myntberlocker

Avbitartång
Borrmaskin
Tving
Rundtång

1. Knipsa av kedjan så att den hänger klädsamt runt din handled. Den ska inte sitta för tajt. Sätt fast de båda delarna av låset i varsin ände av kedjan.

2. Borra hål i tärningarna. Enklast är att borra i den mittersta nedsänkningen på ettan, trean och femman. Trä en tärning på en hattpinne och följ upp med en klämpärla som du klämmer åt med en tång som ett lås. Gör likadant med resterande tärningar, hjärtpärlor och rombformade pärlor. Till berlockerna knipsar du av hatten på stavarna och böjer till ena änden så att den kan fästas i berlocken. Gör hängena i olika längder för snyggast slutresultat.

3. Fäst hängena i kedjan genom att med rundtången böja den tomma änden och klämma fast i kedjan. Armbandet är nu färdigt att göra entré på spelbordet.

Morotscupcake

Cupcakes

Den här sortens väldekorerade och svulstiga muffinsvarianter har ännu inte slagit igenom i Sverige. Det är synd, för de är ofta små konstverk i sig.

Begreppet föddes redan 1828, och har i dag utvecklats till ett trendigt och glamouröst bakverk. Bara i USA finns flera hundra bagerier som specialiserat sig på just cupcakes, där det kanske mest kända är Magnolia Bakery i New York, dit köerna ringlar sig runt halva kvarteret på lördagsförmiddagarna.

Som för det mesta från USA gäller "more is definitely more". Så släng jantelagen åt sidan och hänge dig åt stjärnformat strössel, smakessenser, kanderade violer och hushållsfärger du inte ens trodde var tillåtna.

Chokladcupcakes med espressofrosting

Du behöver:

200 g mörk choklad
50 g rumstempererat smör
2 ägg
2 ½ dl strösocker
1 tsk vaniljsocker
½ dl espresso eller starkt kaffe
1 ¼ dl (75 g) vetemjöl
1 krm bakpulver

Frosting:

100 g mörk choklad
½ dl vispgrädde
1 msk espresso

Kaffebönor eller strössel till dekor

Den här cupcaken är så oemotståndlig att du som chokladälskare kommer att falla som en kärlekskrank Jane Austen-karaktär för de små godsakerna.

1. Sätt ugnen på 175° C.

2. Smält chokladen i mikrovågsugnen eller över vattenbad och blanda med smöret tills det har smält. Vispa ägg, socker och vaniljsocker poröst och häll ner i chokladblandningen. Tillsätt espresson. Blanda mjöl med bakpulver och vänd försiktigt ner i smeten.

3. Fyll småbrödsformar till två tredjedelar. Du kan givetvis använda större muffinsformar också, men eftersom cupcakes snarare bör ses som munsbitar än en hel måltidsersättning brukar de mindre formarna passa bäst.

4. Grädda i 12–15 minuter i nedre delen av ugnen. Håll noggrann uppsikt genom ugnsluckan eftersom en extra minut i ugnen är som fem ljusår i muffinsvärlden. De ska fortfarande vara lite kladdiga inuti.

5. Smält chokladen till frostingen och tillsätt grädden och espresson. Bred krämen över cupcakesen och dekorera.

Körsbärscupcakes

Du behöver:

125 g rumstempererat smör
1 ½ dl strösocker
2 ägg
1 ¼ dl mjölk
3 ½ dl (210 g) vetemjöl
1 ½ tsk bakpulver
2 tsk vaniljsocker
200 g körsbär i sockerlag

Frosting:

200 g färskost
½ dl florsocker
2 tsk körsbärslag

Färska körsbär till dekor

Spritspåse

"Ska vi plocka körsbär i min trädgård?" undrade Ann-Christine Bärnsten i Melodifestivalen 1975 och syftade antagligen på något helt annat än de söta bären. Den här cupcaken innehåller i alla fall garanterat riktiga körsbär.

1. Sätt ugnen på 175° C.

2. Rör ihop smöret med sockret. Vispa ner ett ägg i taget och tillsätt mjölken. Blanda mjöl, bakpulver och vaniljsocker och vänd ner i smeten.

3. Låt körsbären rinna av i en sil, grovhacka dem och vänd ner i smeten.

4. Fyll småbrödsformar till två tredjedelar. Vill du vara säker på att de ska hålla formen i ugnen – använd dubbla formar. Grädda i cirka 15 minuter i nedre delen av ugnen. Låt svalna.

5. Blanda färskost, florsocker och körsbärslag och vispa ihop med elvisp. Spritsa i en cirkel på varje cupcake och dekorera med färska körsbär.

Tiki cupcakes

Du behöver:

2 dl råsocker
100 g rumstempererat smör
2 ägg
1 ½ dl kokosmjölk
3 ½ dl (210 g) vetemjöl
2 tsk bakpulver
1 krm salt
2 tsk vaniljsocker
1 dl kokosflingor
50 g vit choklad
1 ¼ dl krossad ananas

Frosting:

200 g färskost
½ dl florsocker
1 dl kokos

Skalet från 1 lime till dekor

Den här cupcaken är inspirerad av den polynesiska tikikulturen som var omåttligt populär i USA under 1950-talet.

1. Sätt ugnen på 175° C.

2. Vispa socker och smör poröst. Tillsätt äggen ett i taget och häll därefter i kokosmjölken.

Blanda mjöl, bakpulver, salt, vaniljsocker och kokosflingor och rör försiktigt ner i smeten. Krossa chokladen fint och tillsätt tillsammans med ananasen.

3. Fyll småbrödsformar till två tredjedelar. Smeten rinner gärna ut, så använd två formar till varje eller välj aluminiumformar. Grädda i cirka 15 minuter i nedre delen av ugnen.

4. Vispa ihop ingredienserna till frostingen med elvisp. Bred frostingen på varje cupcake och toppa med riven lime.

Morotscupcakes

Du behöver:

2 ägg
3 dl strösocker
3 dl rivna morötter
1 dl rapsolja
½ tsk bakpulver
1 tsk bikarbonat
1 tsk kanel
½ tsk salt
3 dl (180 g) vetemjöl

Frosting:

200 g färskost
½ dl florsocker
Finrivet skal från ½ citron

Strössel till dekor

Spritspåse

Världens godaste kaka har fått en minikostym, perfekt som avslutning på en härlig picknick. För att inte krossa cupcakesen i packningen transporterar du dem i en tom äggkartong.

1. Sätt ugnen på 175°C.

2. Vispa ihop ägg och socker. Tillsätt de rivna morötterna och rapsoljan. Blanda bakpulver, bikarbonat, kanel och salt med mjölet och rör ner i smeten.

3. Fyll småbrödsformar till hälften. De här cupcakesen sväller mycket, så praktisera devisen *less is more* för snyggast resultat. Grädda i nedre delen av ugnen i 15–20 minuter. Låt svalna.

4. Vispa samman frostingingredienserna med elvisp. Fyll i en spritspåse och dekorera cupcakesen. Toppa med strössel strax innan servering.

Tips! Har du ingen tillräckligt stor burk att transportera cupcakesen i kan du använda en pizzakartong. Klipp med ögonfransarna så brukar de gå att få köpa på den lokala pizzerian. Se till att få en calzonekartong så du slipper tillplattade cupcakes.

Tips! Använd gärna dubbla pappformar. Då håller kakorna formen bättre.

Body scrub

Visst är det härligt att unna sig en hög glossiga magasin eller spendera halva lönen i en klädbutik, men genuin lyx är sällan förenat med materiella ting. Nej, riktigt lyxigt känns det först när man låst toadörren, krupit ner i ett skummande, väldoftande badkar och smort in hela kroppen med en scrub som gör huden len som nyvispad grädde.

Och det är en lyx som inte behöver kosta skjortan. Med hjälp av återfuktande olivolja och härligt skrubbande sockerkorn kan du förvandla vilken torrboll som helst till en mjukis.

Du behöver:

En burk
3 dl farinsocker
1 dl olivolja
Cirka 30 droppar valfri eterisk olja

1. Häll sockret i burken och fyll upp med olivolja så att det täcker.

2. Droppa i den eteriska olja eller blandning som du valt och rör om. Peelingen håller sig fräsch så länge olivoljan täcker sockret.

Eteriska oljor är högkoncentrerade essenser utvunna ur växter och örter. För att uppnå önskad effekt behöver du inte ta mer än några få droppar. Vissa oljor är mer doftintensiva, som ylang-ylang, där det räcker med 2–3 droppar. Citrusoljor är mer lättflyktiga vilket gör att du kan ösa på mer. Du hittar oljorna till exempel i hälsokostbutiken.

Här är ett urval av de flera hundra oljor du kan välja bland:

Apelsin: Underverk för narig hud och även för fet och mogen hud.

Bergamott: Verkar renande och har en sammandragande effekt.

Citron: Bra för fet eller oren hud eftersom den löser upp fett i överhuden. Verkar sammandragande och har antibakteriella egenskaper.

Citrongräs: Verkar uppfriskande, stimulerande och väcker trött hud till liv.

Geranium: Renar och stramar upp huden. Verkar lymfstimulerande, vilket kan hjälpa vid celluliter.

Lavendel: Hjälper kroppen att bilda ny vävnad där huden är skadad. Lugnande.

Patchouli: Sammandragande egenskaper för slapp och trött hud. Även god läkeffekt vid eksem och fotsvamp.

Rosenträ: Stimulerar huden att producera nya hudceller – perfekt för torr och känslig hy.

Ylang-Ylang: Verkar antiseptiskt och har en lugnande effekt.

Body Scrub

Godispåse

"Sweets for my sweet", sugar for my honey sjöng The Searchers 1963. Och det är väl precis så det borde vara. Den här godispåsen rymmer inte bara socker nog för att få en hel förskoleklass på fötter, utan är dessutom utomordentligt söt att se på.

Eftersom du kan använda i princip vad som helst som siluett, är påsen ett perfekt substitut för påskägg, att förvara halloweengodis i, servera cocktailsnacks i eller som en vacker gå bort-present.

Du behöver:

Kartong
Cellofanpåsar
Sammetsband
Tejp
Skalpell

1. Välj en vacker siluett från mallarna på sidan 92 eller hitta din egen favorit.

2. Klipp kartongen i samma mått som cellofanpåsen och vik den runt påsens bas. Du har nu ett papper vikt på två ställen som kan stå runt påsen.

3. Håll siluetten du valt bakom kartongen mot ett fönster och rita av figuren. Tänk på att rita på baksidan av kartongen för att slippa streck på framsidan. Skär ut mönstret.

4. Gör två hål långt upp på påsen, stora nog för att kunna trä ett band igenom. Sätt höljet om cellofanpåsen och fyll den med innehåll. Tejpa igen cellofanpåsen och knyt bandet om dess hölje.

Fågelbad

Ett fågelbad, ett fat att lägga nyponkvistar på till hösten eller en dekorativ platta med ditt husnummer på? Valmöjligheterna med att gjuta betong är oändliga – och eftersom det är så lätt kan du prova dem allihop. Det svåraste med det här pysslet är egentligen att få hem betongen från bygghandeln.

Som gjutform kan du använda en godisburk i plast eller en uttjänt balkonglåda. Mindre burkar eller en presentask i form av ett hjärta blir fina utgjutningar, och med leksaker kan du skapa fossilmönster.

Du behöver:

Finbetong

En pinne
Plastburkar
Våg
Diskhandskar
Förkläde

1. Blanda betongen enligt anvisningarna på förpackningen. Du kan med fördel blanda direkt i formen som du ska gjuta i, men tänk då på att blanda ordentligt så att det inte lämnas torr betong i hörnen. Har du ingen hushållsvåg att väga betongen på kan du använda en badrumsvåg i stället. När massan känns som en tjock gröt är den perfekt.

2. Slå formen mot underlaget så att alla luftbubblor kommer upp till ytan. När betongen börjat stelna (efter cirka 30 minuter), trycker du försiktigt ner den eller de föremål som ska ge avtryck i betongen. Vänta inte för länge, då kan det bli svårt att få ner formarna. Lägg eventuellt något tungt på föremålet för att hålla det nedtryckt.

3. Lägg en plastpåse om formen och låt betongen härda på en sval plats utomhus i ett till två dygn. Spraya med en vattenflaska morgon och kväll för att sakta ner härdningsprocessen och på så sätt göra betongen starkare.

4. Lyft bort föremålet ur betongen. Vänd formen upp och ner och knacka försiktigt ut fågelbadet. Slipa ner eventuella ojämnheter med ett sandpapper. Håll betongen fuktig med en blomspruta ytterligare några dagar. Om du vill kan du måla fågelbadet med betongfärg.

Tips! Du kan gjuta en vacker dörrstopp genom att fylla ett par barngummistövlar med betong ända upp till kanten. Klipp upp stövlarna när betongen har stelnat.

erika & martin
erika & martin
erika & martin
erika & martin
erika & martin
erika & martin

Textade band

Den vackraste bröllopstårta jag har sett är en enkel, cylinderformad trevåningstårta i turkos marsipan. Egentligen hade den varken utsmyckning eller några andra tecken på avancerad konditorkonst. Det som gjorde tårtan så vacker var det vita band med texten Jessica & Justin som var lindat kring tårtan. Så enkelt, men samtidigt så personligt.

Nu är det ju inte varje dag man gifter sig, men idén om personliga band kan appliceras på desto fler bemärkelsedagar. Varför inte skriva en julhälsning redan på paketet, dopdatumet på ett band kring servetterna eller gästernas namn på pappersband om vinglasen?

Du behöver:

Presentband i papper eller plast

Skrivmaskin

Tejp

A4-papper

1. Sätt ett papper i skrivmaskinen och tejpa försiktigt fast bandet – klipp dock inte av det.

2. Skriv texten du vill ska stå på bandet och tejpa successivt fast resterande delen av bandet på pappret och upprepa proceduren. Var försiktig när du flyttar på bandet så att du inte smetar ut bläcket med fingrarna.

Tårtpapper

Skira, vackra tårtpapper i all ära, men när grädden blött upp pappret och smaksatt tårtan med en förnimmelse av wellpapp är det inte lika roligt längre. Nej, satsa på ett återvinningsbart underlägg i stället. Det här tårtpappret tillverkar du enkelt av en vanlig vaxduk, och det är bara att torka av med en trasa när tårtan är uppäten.

Du behöver:

Vaxduk

Tygsax

1. Lägg en tallrik på avigsidan av vaxduken och rita av och klipp ut formen. Tänk på att välja en tallrik som är större än den tilltänkta tårtan.

2. Vik cirkeln på mitten tre gånger med avigsidan ut så att den blir strutformad. Rita med blyertspenna de mönster du vill ha, och klipp sedan ut dem.

3. Vik upp vaxduken, och lägg den avslutningsvis under en hög med tunga böcker över natten så att eventuella veck slätas ut.

Tårtljus

Det finns människor som inte gillar födelsedagsfirande. Som tycker att frukost på sängen är onödigt, att bli hyllad av kollegorna besvärande, och att gräddtårtor är för femåringar. Min storebror är sådan.

Som bakälskande syster har jag givetvis svårt att ta det. Födelsedagar är ju ett ypperligt tillfälle att få baka läckra tårtor. Efter 30 år av lirkande fick jag äntligen min vilja igenom – men på ett villkor – de pastellfärgade tårtljusen skulle bytas ut mot stridsvagnar.

Eftersom det inte gick att hitta antändliga stridsvagnar i butik fick jag helt enkelt gjuta egna med hjälp av gipsformar, ljusmassa och vekar.

Resultatet blev över förväntan. Min bror blev så glad över tårtljusen att han blåste ut dem fortare än kvickt för att kunna spara dem till nästa år.

Så varför nöja sig med dussintillverkade tårtljus när du kan gjuta dina egna? Kanske passar en hundkoja, sportbil eller en Hawaii-inspirerad hydda bättre till jubilarens personlighet än trista spiralljus?

Du behöver:

Färgpennor för stearin
Ljusmassa
Färgpigment för ljusmassa
Gummiformar för tvådimensionell avgjutning
Vekar

1. Tårtljus skapar du genom att bygga stearin lager på lager. Tänk därför ut vilka färger som du vill ska finnas ytterst på ljuset och börja med dem. Är det mindre dekorationer kan du använda färgpennor för stearin, medan större ytor lättast skapas av ljusmassa. Om du använder färgpennor, så tänk på att de måste torka ett dygn innan du häller på ljusmassan.

2. Smält ljusmassan över ett vattenbad – mazarinformar i aluminium är ypperliga kärl att värma ljusmassan i. Tillsätt färgpigment till ditt första lager och rör om noga. Häll vätskan i de delar av formen som du vill färga, lägg i en veke, häll på ytterligare ljusmassa och låt torka. Fortsätt att bygga ljuset färglager på färglager.

3. Låt ljuset torka ordentligt och tryck sedan försiktigt på gummiformen underifrån för att få ut ljuset. Är det svårt kan du lägga in formen i frysen i en minut så poppar ljuset ut likt en isbit.

4. Gör eventuella slutdekorationer som text eller ögon med färgpennorna och låt torka i ett dygn. Ljusen är därefter klara att tändas.

Tips! Har du spillt stearin på kläderna tar du enkelt bort det genom att lägga klädesplagget i frysen i en timme och sedan skrapa bort fläcken med hjälp av en matkniv.

Spetsskålar

Efter år av politisk korrekthet har det burleska kommit för att stanna. Att ha en coffee table-bok av pin-upan Dita von Teeses eller Moschinos ”Bustier lamp” ses inte längre med suspekta ögon. I stället råder nu underklädernas storhetstid, och spets och volanger är plötsligt högsta mode.

I kölvattnet av den nya trenden står inte enbart lyxiga lingerieboutiquer som vinnare, utan även det mest hederliga tantpysslet av dem alla: virkad spets. Så varför inte haka på trenden och samtidigt ta tillvara på de där tusentals timmarna av kvinnoarbete som säljs för en spottstyver i närmaste second hand-butik? De virkade dukarna som tidigare prydde pianon och hallbyråer är nämligen utmärkta att göra vackra skålar av.

Du behöver:

En spetsduk
Våtrumslim
Glas eller skål
Fryspåse
Tygband

Pensel

1. Lägg duken på ett bakplåtspapper och måla rikligt med våtrumslim på båda sidor.

2. Klä ett glas eller en skål med en fryspåse och lägg spetsduken inuti. Forma den tills du är nöjd och låt torka i ett dygn.

3. Ta upp din skål ur glaset, dra bort plastpåsen och måla skålen ytterligare ett lager med våtrumslim på båda sidor. Låt torka i ett dygn innan du dekorerar den med tygband.

Lägg inget kladdigt eller flottigt i skålen, den är svår att göra ren.

Tips! Köp upp dig på spetsband när du letar dukar – de är nämligen utmärkta att använda som schabloner för att piffa upp kuvert och presentpapper med. Lägg en bit spets på en glasskiva och dra en roller med textilfärg över bandet 2–3 gånger tills allt tagit färg. Lyft upp spetsen med en pincett och lägg den försiktigt på pappret som du vill dekorera. Lägg en bit hushållspapper över och rulla försiktigt med en torr roller så att färgen från spetsen fastnar på pappret. Ta bort pappret och spetsen med en pincett och låt torka. Upprepa proceduren med ytterligare spetsar om du vill ha fler mönster.

Shoppingblock

För att inte gå miste om de där snilleblixtarna du får i bankomatkön eller på bussen är det praktiskt att bära ett litet block i handväskan eller fickan.

Idén till blocket är hämtat från ett tändsticksplån, och kan göras antingen i sin föregångares behändiga storlek eller större (om du har väldigt många bra idéer).

När jag gav min väninna Kristin ett sånt här block blev hon stolt som en nyfriserad tanthund. Numera bär hon ständigt med sig blocket i handväskan för att, när andan faller på, kunna skriva ner sina kommande inköp.

Du behöver:

Kartong
Ett tunt A4-ark

Häftapparat

1. Klipp ut en rektangel med måtten 5 1/2 x 14 1/2 centimeter ur kartongen. Klipp A4-arket i 16 stycken mindre bitar, 5 x 6 centimeter, och bunta ihop papperslapparna till en hög.

2. Lägg kartongen med insidan uppåt, och vik pappret 2 centimeter in från ena kortsidan. Genom att använda en linjal blir det enklare att vika rakt. Gör ännu en vikning 1 millimeter in från den första vikningen. Här kommer själva blocket senare att placeras.

3. Utgå från den senaste vikningen och gör ännu en vikning in mot papprets insida 6 1/2 centimeter därifrån. Du har nu fått ett etui att lägga den utklippta pappersbunten i. Fäst bunten i etuiet genom att sätta en häftklammer i dess 2 centimeter tjocka nederkant. Du kan nu sluta shoppingblocket genom att sticka ner dess framsida i nederkanten av blocket.

LOVE YOU
R
Reggio Calabria
(Corr. Pacc.)

Leopardplånbok

Den accessoar jag har fått allra mest beröm för genom åren är den här leopardmönstrade plånboken. På såväl barer som i kön på Konsum kommer folk fram och frågar var jag har köpt den. Jag blir givetvis stolt som en nyförlöst mamma när jag får berätta att jag sytt den själv.

Eftersom plånboken är fodrad med leopardimitation, som har en tendens att leva sitt eget liv under symaskinens pressarfot, är den lite pillig att sy men inte oöverkomlig. Och jag lovar att det är värt besväret. Medan utsidan tål det mest hårdföra nattliv, gör insidans mjuka foder det till rena nöjet att sticka handen ner i plånboken.

Du behöver:

Skinnimitation
1 plastficka
Brun tråd
Tejp
Spraylim
Leopardimitation
1 tryckknapp
Rosa ribband
Genomskinligt nagellack

Tygsax
Symaskin
Hammare

1. Rita av mallarna på sidan 93 och klipp ut de båda mönsterdelarna från skinnet.

2. Klipp en 6 x 9 centimeter stor kvadrat ur plastfickan, och sy med raksöm fast den på den sida av mönsterdel 1:s kortsida som är helt kvadratisk, 1 centimeter från kanten.

Eftersom nålar lämnar märken i skinnet kan du tejpa fast plasten om den glider på underlaget.

3. Spraya lim på skinnets avigsida av mönsterdel 1, lägg det ovanpå fodrets avigsida och tryck till. Låt torka och klipp därefter ut delen ur tyget.

4. Sy en dekorativ söm längs kanten på mönsterdel 2 som kommer att bli locket till myntfacket.

5. Vik in sidan med plastfickan 8 centimeter från kanten. Vik ihop myntfacket och placera det 1 centimeter från den uppvikta kontokortsfickan. Tejpa fast de båda bitarna lätt. Sy en raksöm från kontokortsfickans ena sida och runt hela plånboken. Ta bort tejpbitarna. Sy även en söm i myntfackets nederkant (sömmen är glömd på bilden med följden att sedlarna ramlar ut).

Fortsättning på nästa sida.

6. Hamra fast en tryckknapp i locket till myntfacket, vik tyget så att det bildar ett myntfack och sätt därefter fast den andra delen av tryckknappen. Tänk på att lägga något hårt inne i facket för att undvika märken från hammaren på plånbokens utsida.

7. Klipp ribbandet i två stycken 20 centimeter långa delar och måla med genomskinligt nagellack på ändarna för att undvika att de repar sig. Lägg ett av banden med den korta änden utåt på sömmen på plånbokslocket och sy fast för hand eller på maskin. Vik därefter bandet framåt så att det går att knyta en rosett tillsammans med det andra bandet. Sy fast det andra bandet på liknande sätt vid plånbokens första vikning.

Tips! Har du ingen dragning åt djurlivet är vinyl jättefint att sy plånböcker av. Kanske kan en läckert svart, röd eller guldfärgad plånbok med glittrande flakes i passa? Vinyl hittar du i välsorterade tygaffärer. Får du tyg över är vinyl perfekt att sy små söta haklappar av.

Pysseltips!

Framförhållning

Ta fram alla ingredienser till bakningen i god tid innan du börjar så att allting får samma temperatur. Det ger ett bättre resultat – och dessutom hinner du i god tid upptäcka om en huvudingrediens saknas. Det här gäller för såväl bakning som pralintillverkning.

Gräddningstid

Trots tidsangivelser för gräddning i receptet bör du med jämna mellanrum kontrollera hur dina kakor ser ut. Alla ugnar varierar i temperatur. Gör du små kakor är gräddningstiden med största sannolikhet kortare, medan större exemplar givetvis kan behöva någon minut extra i värmen. Öppna dock inte ugnsluckan i onödan, eftersom det kan göra att kakorna sjunker ihop. Försök i stället bilda dig en uppfattning genom att titta på färgen. I slutet av gräddningstiden är det dock inte lika kritiskt att glänta på ugnsluckan.

Dukning

Både kakor och julgranskulor är jättefina att använda i dukningen. Skriv gästernas namn på ett tygband och knyt om kakan eller kulan, så har du ett vackert placeringskort. Har du skrivmaskinen framme kan du byta ut tygbanden mot textade presentband i stället.

Dekorera mera

Överblivna broscher och örhängen blir vackra dekorationer på pralinaskar. Knyt ett tjockt sammetsband om asken och sätt fast smyckena med klister. Extra fint blir det om du använder ett bredare sammetsband som grund och lägger ett tunnare band i en matchande färg ovanpå.

Pepparkaksformar

Låt inte pepparkaksformarna enbart få komma fram till jul. De är nämligen utmärkta att pyssla med året om. Använd formarnas siluetter till att klippa ut vackra presentetiketter eller placeringskort. Du kan också trycka ut mönster i det översta locket på en tårta, för att låta grädde och färska bär från det undre lagret titta fram genom hjärtan eller stjärnor.

Affisch-rör

Rör i kartong som används till papper och affischer är utmärkta som kakmixbehållare. Klä röret med ett fint papper och sätt ett plastlock på ena sidan. Häll kakmixen i en kraftig plastpåse och försök få ut så mycket luft som möjligt innan du knyter ihop den. Lägg påsen i röret och stäng med ett plastlock. Limma fast en vacker etikett med beskrivning till utbaket. Rör och plastlock hittar du i pappershandeln.

Butiker

Kortegast dekorationsbyrå

Efter att ha funnits på samma plats i 75 år har denna Stockholmsbutik hunnit bli fylld till bredden med plastfrukter, paljetter, prydnadsbuskar, rosa flamingos, meterhöga pappsvampar och all underbar kitsch du kan önska dig! Surbrunnsgatan 50, Stockholm www.dekor.se

Matton

Ett stort utbud av papper, snören, klistermärken och kartong hittar du på Matton. Fysiska butiker i Stockholm, Göteborg och Malmö, samt webbutik. www.mattonbutiken.se

Panduro Hobby

Det mesta i grundmaterial finner du i pysselvaruhuset Panduro Hobby. Finns som fysiska butiker över landet samt som webbutik. www.pandurohobby.se

Pyssloteket

Pysselmaterial i lustfylld miljö hittar du på Pyssloteket i Stockholm. Butiken ordnar även kurser i bland annat stickning och scrapbooking. Valhallavägen 48, Stockholm www.pyssloteket.se

Skapa Hobby

Det mesta för pappersnörden finns i denna Stockholmsbutik. Tillhandahåller även platser att sitta och pyssla på samt magasin för inspiration. Hornsgatan 29 D, Stockholm www.skapahobby.se

Webbutiker

Kakburken

Gitarrform till Dolly Parton-kakorna, cupcakeställ, rosa glitter, sockernejlikor och mycket mer i bakväg hittar du hos den välfyllda webbutiken Kakburken. www.kakburken.se

Ladurée

Hos anrika franska konditorikedjan Ladurée kan du sukta över och inspireras av macarons i alla dess smaker och färger. Som att kliva in i en godisbutik! www.laduree.fr

Mumsigt

I Mumsigts webbutik kan chokladälskare stilla sitt behov av pralinformar, proffschoklad och annat smått och gott. www.mumsigt.se

Name Maker

Märk pysslet med ditt namn – från den här amerikanska sajten kan du beställa namnlappar i tyg i oändligt många utföranden. www.namemaker.com

New York Cake Supply

Min absoluta bakbutik är New York Cake Supply på Manhattan. Kan du inte ta dig över Atlanten finns inspiration och verktyg i en dator nära dig. www.nycake.com

Repro Depot Fabrics

Retrotyger från 1940-talet och framåt finner du på amerikanska Repro Depot Fabrics. Här finns ett hundratal olika mönster som ger garanterade nostalgikänslor från en svunnen tid – kolla speciellt in kökstemat. www.reprodepotfabrics.com

Stickers Galore

De klistermärken som du inte finner här till att dekorera dina julgranskulor med är inte värda att hänga upp i granen.
www.stickersgalore.com

Bloggar och inspiration

Better Homes And Gardens

Jänkarna kan det här med pyssel och bak, och en av de allra främsta inspirationskällorna är denna enorma guldgruva. Men se till att planera in besöket noga – BHG kan hålla dig sysselsatt i timmar.
www.bhg.com

Crazy About Cupcakes

Garanterad inspiration och läckra cupcake-recept hittar du på Crazy About Cupcakes. Titta runt, skriv ut – och sätt igång att baka.
www.crazyaboutcupcakes.com

Cupcake Cakeshop

Lustfyllda cupcakebloggen Cupcake Cakeshop har frekventa inlägg med mycket bilder och recept. Här är det stjärnströssel, halloweentema och blå hushållsfärg som gäller.
http://cupcakeblog.com

Ice Cream Ireland

Otroligt smarriga glassrecept bjuder den irländska glassfabrikören Kieran Murphy på i sin blogg Ice Cream Ireland.
http://icecreamireland.com

Mad Baker

Med förkärlek för macarons och dekorerade mördegskakor är den här rikligt illustrerade bloggen en inspirationskälla att ösa ur.
www.madbaker.net

Made By You

Underbara virkmönster i varierande svårighetsgrad och utföranden, som donuts, pingviner och giraffer, hittar du på svenska Made By You.
www.madebyyou.se

Martha Stewart

Pysseldrottningen Martha Stewarts sajt är späckad med pyssel, inspiration och tips.
www.marthastewart.com

The Chocolate Gourmand

Pedagogiska steg för steg-bilder som visar hur du bakar chokladfingrar, moccatryfflar, sorbet och mycket annat hittar du hos den här chokladälskaren.
www.chocolategourmand.com

Take away-box

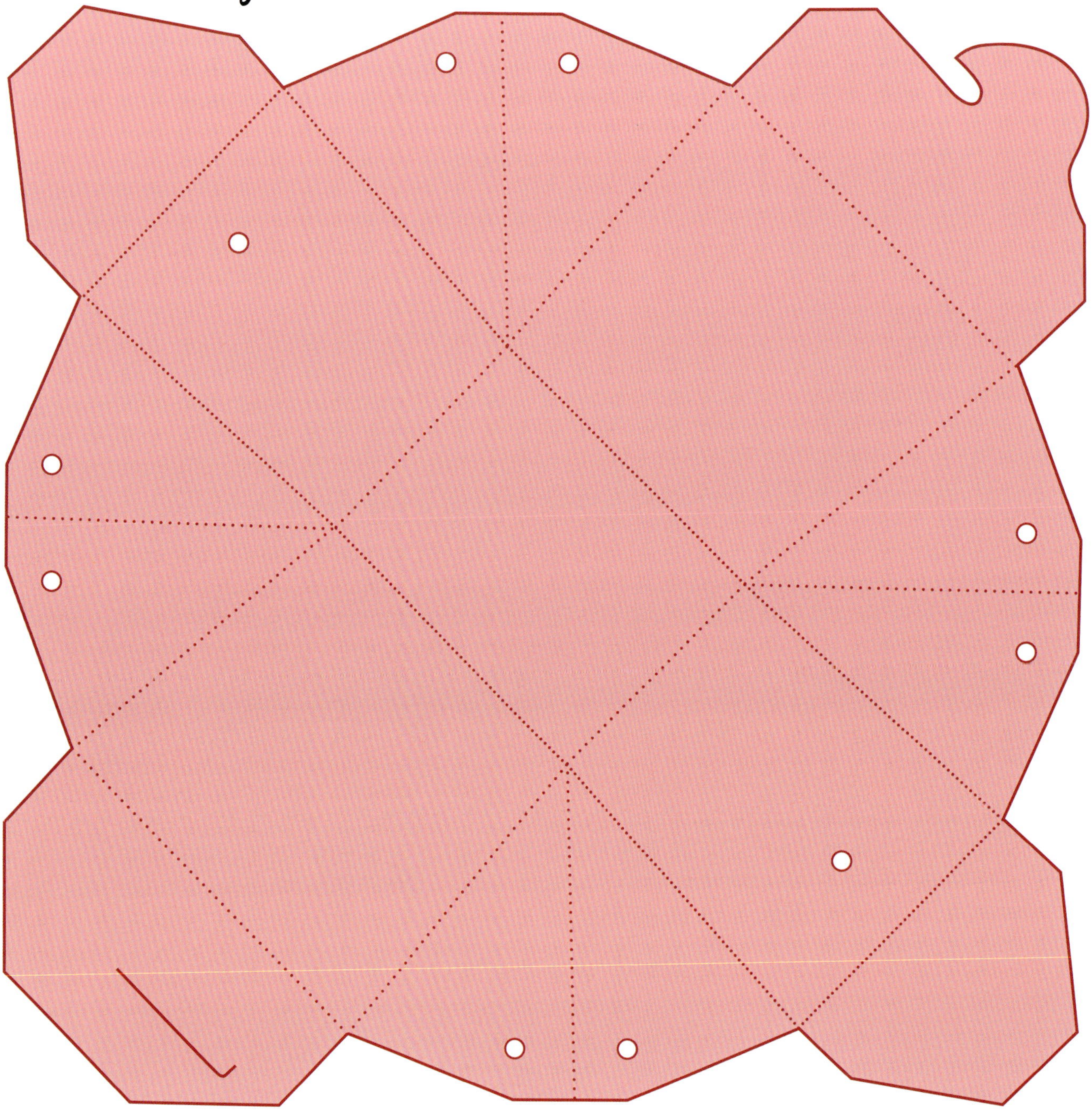

Sovmask

Topflor

Kaffekoppsvärmare

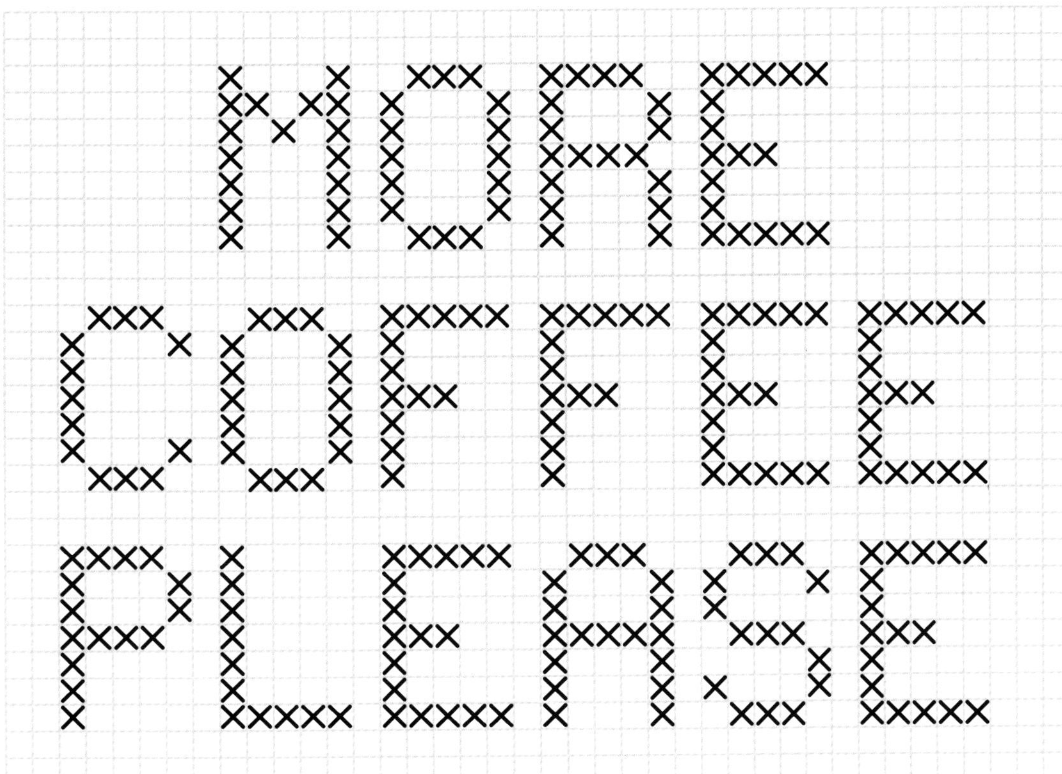

Hårspännen

Hönedräkt

Godispåsar

Adventskalender

Plånbok

Register

Ett stort tack till min händiga och inspirerande förlagsredaktör Mia Öhrn, som inte bara ger ut ***Pyssel de luxe****, utan även handlar blommor och bakar bröllopstårtor till fotograferingar. Stort tack även till formgivare Katy Kimbell och fotograf Sara Danielsson med assistent Frida Petersson. Ett varmt tack till korrläsaren Sara Tuncel.*

Jag vill också tacka Karin Roos och Gunvor Grebasch på Panduro Hobby samt Helena Björk och Marinette Petersson på Scraphouse of Scandinavia för material, Lenah Wirén på KnitLab för de unikt framtagna stickbeskrivningarna, Nikola Adamovic, Cornelia Lithagen och hunden Elsa för modellande.

Josefin Ekman är född 1977 och bosatt i Stockholm. Hon är frilansjournalist för en rad dagstidningar och magasin och en inbiten pysslare. På fritiden driver Josefin den engelskspråkiga bak- och pysselbloggen Dear Martha (www.dear-martha.com) med fiktiva brev till husmorsgurun Martha Stewart. Josefin kopplar helst av genom att klippa i papper.